김혜영 글

성균관대학교에서 아동학을 전공하고, 출판사에서 오랫동안 어린이 과학 책을 만들었습니다. 이야기를 읽는 것, 쓰는 것 모두 좋아합니다. 지은 책으로 《개미 세계 탐험북》, 《장수풍뎅이 탐험북》, 《나비 탐험북》, 《하늘소 탐험북》, 《읽자마자 속담 왕》, 《세계 국기 사전》, 《느림보 코뿔소가 최고야》 등이 있습니다.

이선주 그림

시각디자인을 전공하고 일러스트레이터로 일하고 있습니다. 다양한 감정을 그림에 담는 작가가 되기 위해 노력 중입니다. 쓰고 그린책으로는 《이런,개복치》가 있고, 그린책으로는 《초록별에서》, 《노는 물을 바꿔라》, 《너에게 하고픈 말》, 《재미있고 빠른 읽기 떼는 동화 가나다》 등이 있습니다.

정보 제공 및 내용 감수에 참여한 국립생태원 임직원

김강산, 김만년, 김영중, 김황, 박종대, 유인성, 윤창만, 이혜린, 조영호, 차덕재

미래 생태학자를 위한
메뚜기 탐험북

발행일 2023년 10월 31일 초판 1쇄 발행

엮음 국립생태원
글 김혜영 l **그림** 이선주
발행인 조도순
책임편집 유연봉 l **편집** 최유준 l **본문구성·진행** 김혜영 l **디자인** 나비
사진 국립생물자원관, 원주시(www.wonju.go.kr), Gettyimagesbank, Pixabay, Shutterstock, Wikimedia Commons
발행처 국립생태원 출판부 l **신고번호** 제 458-2015-000002호(2015년 7월 17일)
주소 충남 서천군 마서면 금강로 1210 l www.nie.re.kr
문의 041-950-5999 l press@nie.re.kr

ⓒ 국립생태원 National Institute of Ecology, 2023
ISBN 979-11-6698-308-5   73400

※ 이 책에 실린 모든 글과 그림을 저작권자의 허락 없이 무단으로 사용하거나 복사하여 배포하는 것은 저작권을 침해하는 것입니다.

⚠ **주의** 다칠 우려가 있습니다. 본 도서를 던지거나 떨어뜨리지 않도록 주의하십시오.
고온 다습한 장소나 직사광선이 닿는 장소에는 보관을 피해 주십시오.

미래 생태학자를 위한

메뚜기 탐험북

국립생태원 엮음

국립생태원
NIE PRESS

머리말
신비한 메뚜기의 세계를 탐험해요

무더운 여름날 들판이나 풀밭에 가면 요란한 노랫소리를 들을 수 있어요. 하지만 가까이 다가가면 언제 그랬느냐는 듯 뚝 그쳐 버리지요. 이 노랫소리의 주인공은 누구일까요? 바로 메뚜기예요. 우리가 흔히 말하는 메뚜기는 논에 사는 벼메뚜기예요. 메뚜기뿐만 아니라 여치, 귀뚜라미, 땅강아지, 꼽등이 등 메뚜기 무리에 속한 종들을 모두 통틀어 메뚜기라고 해요.

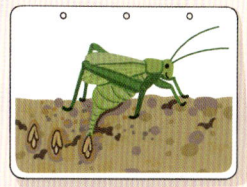

　메뚜기는 크게 메뚜기 무리와 여치 무리로 나뉘어요. 여름에 가장 흔히 볼 수 있는 풀무치는 메뚜기 무리에, 이솝 우화 '개미와 베짱이'에 나오는 베짱이는 여치 무리에 속하지요. 몸길이가 4~5센티미터인 메뚜기는 한 번에 1미터 가까이 뛸 수 있는 멀리뛰기 선수랍니다.

　우리는 잘 모르는 것에는 관심도 생기지 않고 사랑할 수도 없어요. 메뚜기를 포함해 우리와 함께 지구에서 살아가는 모든 생물들에 대해서도 마찬가지예요. 더 잘 알게 되면 될수록 점점 더 사랑스럽게 느껴지게 마련이지요.

　이 책은 메뚜기의 신비로운 생태를 공부하고, 채집하며 관찰할 수 있도록 안내해 주어요. 이 책을 읽고 나서 메뚜기와 더욱 친해지고, 이 작고 멋진 친구를 소중히 여기게 된다면 좋겠어요. 동물과 식물이 살지 못하는 환경에서는 사람도 살지 못해요. 자연과 사람이 더불어 살아갈 때 지속 가능한 미래를 만들어 나갈 수 있다는 것을 꼭 기억하세요.

　자, 그럼 지금부터 '내가 바로 메뚜기 박사!'라고 생각하며 신비한 메뚜기의 세계를 함께 탐험해 볼까요?

국립생태원장 조도순

차례

메뚜기 탐구하기

메뚜기는 멀리뛰기 선수 10
뒷다리로 폴짝폴짝 뛰어요 12
메뚜기일까, 여치일까? 14
비슷하게 생겼어요 16
메뚜기를 찾아라! 18
여름에 노래하는 메뚜기 20

 메뚜기 이름은 이렇게 생겼대요 22

메뚜기의 한살이

암컷과 수컷이 만나 짝짓기를 해요 26
땅속에 알을 낳아요 28
메뚜기의 한살이 30
천적에게서 몸을 지켜요 32

 메뚜기의 이모저모 34

우리나라의 메뚜기

메뚜기아목 38

여치아목 50

 메뚜기가 무서운 곤충이라고요? 60

스스로 연구하기

메뚜기를 채집해요 64

기르고 관찰해요 66

더 궁금한 것을 탐구해요 68

메뚜기 탐구 퀴즈를 풀어요 70

메뚜기 탐구하기

폴짝폴짝 잘 뛰어오르는 메뚜기는 포르르 멀리 잘도 날아가요.
작은 몸 어디에서 그런 힘이 솟을까요? 풀숲에 앉은 메뚜기에게
살금살금 다가가면, 어떻게 알았는지 폴짝 뛰어 도망쳐 버려요.
멀리뛰기 선수 메뚜기에 대해 지금부터 함께 알아볼까요?

메뚜기는 멀리뛰기 선수

메뚜기뿐만 아니라 풀무치, 여치 등 메뚜기 무리에 속한 종들을 통틀어서 메뚜기라고 해요. 뒷다리가 굵고 길어서 폴짝폴짝 잘 뛰어다니지요. 전 세계에 2만여 종이 있고 우리나라에는 170여 종이 있어요. 극지방을 제외한 전 대륙에 서식하며 다양한 기후에서 살아가요.

> 메뚜기는 '뫼(산)'+'뛰기', 즉 산에서 뛰어다닌다는 뜻에서 나온 이름이에요.

각시메뚜기

풀무치

메뚜기는 무척 잘 먹어요

메뚜기는 주로 식물을 먹어요. 정해진 몇 가지 식물만 먹는 메뚜기도 있지만, 대부분의 메뚜기는 입맛이 그다지 까다롭지 않아요. 풀밭에는 메뚜기가 먹을 수 있는 풀잎이 엄청나게 많지요. 메뚜기는 작은 덩치에 비해 풀을 많이 먹어요. 메뚜기 50마리가 먹는 풀의 양이 소 한 마리가 먹는 양만큼 많다고 해요.

메뚜기는 엄청나게 멀리 뛰어요

메뚜기는 뒷다리의 크고 강한 근육에 힘을 주어 앞으로 펄쩍 뛰어올라요. 오므린 뒷다리를 힘껏 펴면서 땅을 박찬 뒤, 공중에서 날개를 펼쳐 짧은 거리를 날아가듯 뛰지요. 몸길이가 4~5센티미터인 메뚜기는 1미터 가까이 뛸 수 있답니다. 사람으로 치면 축구 경기장을 단 세 번에 건너뛰는 것과 마찬가지라고 해요.

자기 몸길이의 20배가 넘게 뛸 수 있다니, 정말 대단해요!

1미터

우리도 메뚜기 무리예요

생김새는 약간씩 달라도 여치, 베짱이, 방아깨비, 삽사리, 풀무치, 귀뚜라미, 땅강아지 등도 메뚜기 무리에 속해요. 그중에서도 특히 눈에 띄는 건 방아깨비예요. 방아깨비의 머리는 벼과 식물처럼 끝이 뾰족하지요.

우리는 모두 메뚜기야!

메뚜기 여치 베짱이 귀뚜라미

안녕? 난 방아깨비야. 나도 메뚜기 무리에 속해.

뒷다리로 폴짝폴짝 뛰어요

메뚜기의 몸은 머리, 가슴, 배의 세 부분으로 이루어져요. 피부가 무척 단단하지요. 가슴에는 날개 두 쌍과 다리 세 쌍이 붙어 있는데, 앞다리와 가운뎃다리는 작고 약하지만 뒷다리는 크고 튼튼해서 폴짝폴짝 잘 뛰어올라요. 머리는 대체로 둥글거나 네모난 편이에요.

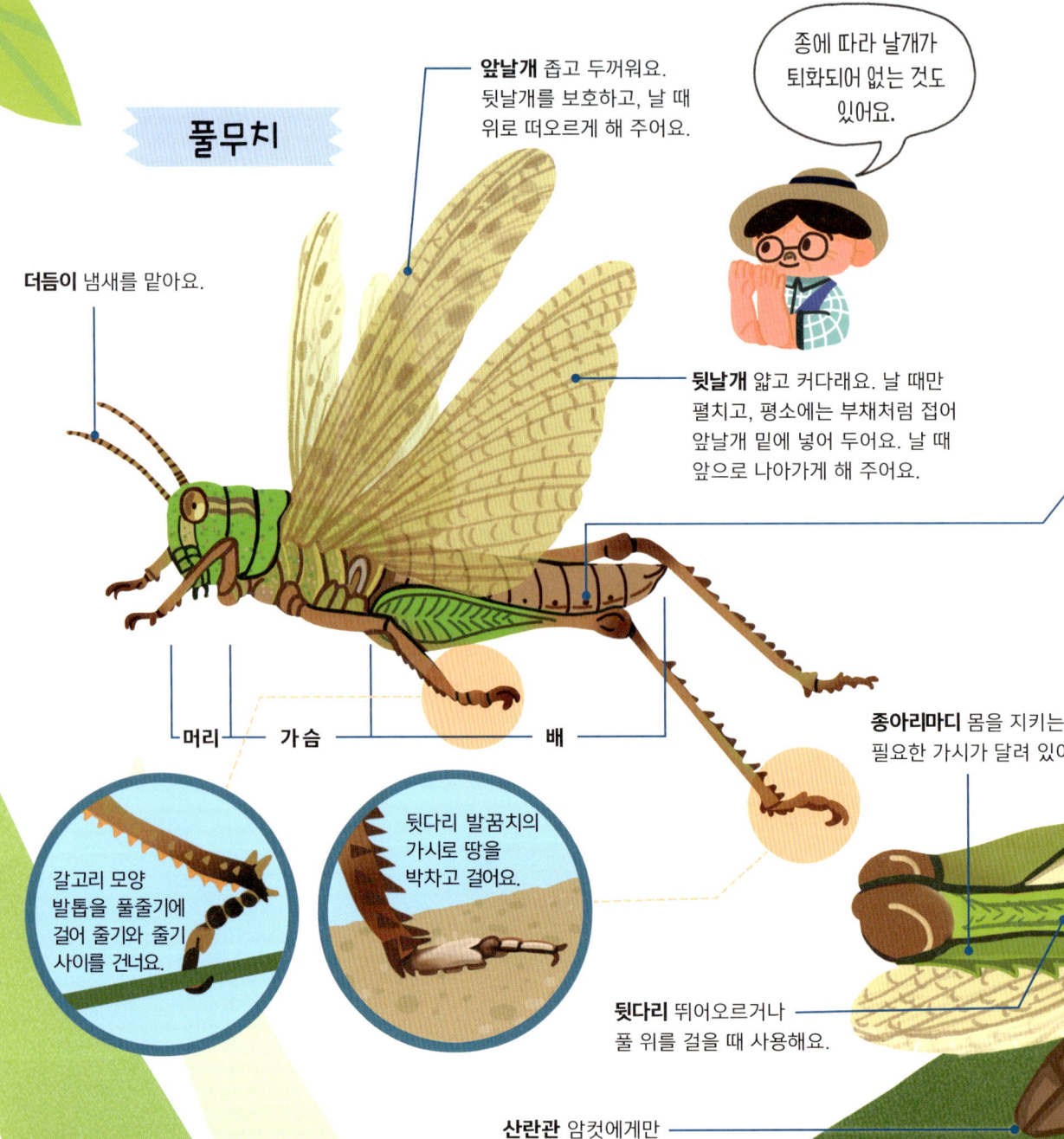

풀무치

앞날개 좁고 두꺼워요. 뒷날개를 보호하고, 날 때 위로 떠오르게 해 주어요.

종에 따라 날개가 퇴화되어 없는 것도 있어요.

뒷날개 얇고 커다래요. 날 때만 펼치고, 평소에는 부채처럼 접어 앞날개 밑에 넣어 두어요. 날 때 앞으로 나아가게 해 주어요.

더듬이 냄새를 맡아요.

머리 가슴 배

갈고리 모양 발톱을 풀줄기에 걸어 줄기와 줄기 사이를 건너요.

뒷다리 발꿈치의 가시로 땅을 박차고 걸어요.

종아리마디 몸을 지키는 필요한 가시가 달려 있어

뒷다리 뛰어오르거나 풀 위를 걸을 때 사용해요.

산란관 암컷에게만 있어요.

머리에는 겹눈 2개와 홑눈 3개, 더듬이와 입이 달려 있어요. 배는 여러 개의 마디로 되어 있고 마디마다 숨구멍이 한 쌍씩 있지요. 수컷은 긴 배를 구부려 암컷과 짝짓기를 하고, 암컷은 배를 구부려 땅속에 넣고 알을 낳아요.

벼메뚜기

겹눈 낱눈 수천 개로 이루어져 있어요. 사물을 보는 역할을 해요.

앞가슴등판

홑눈 밝고 어두운 것을 알아차려요.

화살표 친 부분이 숨구멍이에요. 곤충의 숨구멍 통로는 세포 하나하나에 연결되어 있어 사람의 폐와는 다르답니다.

입 톱과 같은 턱을 옆으로 움직여 풀을 씹어 먹어요. 아랫입술 수염으로 맛을 느끼지요.

넓적다리마디 질긴 힘줄 같은 근육으로 되어 있어 아주 힘이 세요.

앞다리

가운뎃다리

귀 메뚜기의 귀는 첫 번째 배마디 옆쪽에 있어요. 수컷의 청각은 무척 뛰어나요.

발목마디

여치는 귀가 앞다리에 있어요.

메뚜기일까, 여치일까?

우리가 흔히 말하는 메뚜기는 논에 사는 벼메뚜기를 말해요. 메뚜기는 크게 메뚜기 무리와 여치 무리로 나뉘어요. 무척 비슷해서 헷갈리기 일쑤이지요. 여름에 가장 자주 볼 수 있는 풀무치는 메뚜기 무리에 속하고, 이솝 우화 '개미와 베짱이'에 나오는 베짱이는 여치 무리에 속한답니다.

메뚜기는 메뚜기목에 속해요

메뚜기는 곤충 가운데 메뚜기목에 속해요. 메뚜기목은 벼메뚜기, 방아깨비, 풀무치, 콩중이 등을 포함하는 메뚜기아목과 여치, 베짱이, 귀뚜라미, 꼽등이, 땅강아지 등을 포함하는 여치아목으로 나뉘지요.

메뚜기목
몸이 전체적으로 납작하거나 둥근 통처럼 생겼고, 뒷다리가 굵고 강해서 높이 뛰어오르기에 좋아요.

곤충강
몸이 머리·가슴·배로 나뉘고, 두 쌍의 날개와 세 쌍의 다리가 있어요.

절지동물문
겉껍질이 딱딱하고 다리에 마디가 있어요.

동물계
생물 분류 체계에서 가장 넓은 범위로, 모든 동물이 여기에 속해요.

'○○메뚜기'라는 이름이 붙은 종은 모두 메뚜기아목에 속해요.

메뚜기와 여치를 구분해 봐요

메뚜기아목과 여치아목은 비슷해 보이지만 몇 가지 다른 점이 있어요. 메뚜기아목은 대부분 낮에 활동하고 여치아목은 주로 밤에 활동해요. 또 어떤 점이 다른지 함께 알아볼까요?

메뚜기아목

❶ 더듬이가 짧고, 뭉툭한 칼 또는 뿔 모양이에요. 눈이 커요.

❷ 뒷다리 안쪽을 앞날개의 날개맥에 비벼 소리를 내요.

❸ 배의 첫째 마디 옆면으로 소리를 들어요.

❹ 암컷의 산란관이 짧고 뭉툭해요. 알을 여러 개 낳고 거품으로 덮어요.

딱따기, 콩중이, 등검은메뚜기, 긴날개밑들이메뚜기, 팥중이, 방아깨비, 극동벼메뚜기, 땅딸보메뚜기, 원산밑들이메뚜기, 풀무치

여치아목

❶ 더듬이가 길고 가느다란 실 모양이에요. 눈이 작아요.

❷ 앞날개를 좌우로 비벼 소리를 내요.

❸ 앞다리의 종아리 마디로 소리를 들어요.

❹ 암컷의 산란관이 바늘처럼 뾰족해요. 낱개로 알을 낳아요.

베짱이, 여치, 민어리여치, 쌕쌔기, 철써기, 극동귀뚜라미, 알락방울벌레, 땅강아지, 장수꼽등이, 날베짱이

활동! 메뚜기아목과 여치아목에 속하는 곤충들을 더 찾아보세요.

비슷하게 생겼어요

메뚜기 무리 중에는 생김새가 비슷한 곤충들이 있어요. 실베짱이와 줄베짱이, 방아깨비와 섬서구메뚜기 등 얼핏 보면 구분을 못 할 만큼 비슷하게 생겼답니다. 어떤 점이 비슷하고 어떤 점이 다른지 찾아보세요.

방아깨비  섬서구메뚜기

몸길이가 45~82mm로 몸집이 커요. 더듬이가 짧고 납작하며 머리 앞부분이 뾰족해요.

몸길이가 25~42mm로 중간 크기예요. 이마의 경사가 심해요. 대부분 녹색이지만 갈색도 있어요.

방아깨비가 섬서구메뚜기보다 훨씬 커요. 섬서구메뚜기는 뒷다리가 방아깨비보다 짧고 등이 평평하지요. 딱따기도 이 둘과 비슷해요.

줄베짱이  실베짱이

몸길이가 33~37mm로 대부분 녹색이지만 드물게 황갈색도 있어요.

몸길이가 29~40mm로 몸이 가늘어요. 몸 전체가 연한 녹색이에요.

실베짱이가 줄베짱이보다 날씬하고 날개도 더 길어요. 실베짱이는 녹색만 있지만 줄베짱이는 녹색 외에 황갈색도 있어요.

머리 모양과 날개 길이, 몸의 무늬를 눈여겨보세요.

콩중이
몸길이가 35~36mm로 콩과 식물 주변에서 많이 볼 수 있어요.

팥중이
몸길이가 32~45mm로 위에서 보면 앞가슴등판에 X자 모양 무늬가 있어요.

콩중이가 팥중이보다 몸집이 조금 작아요. 콩중이는 앞가슴등판이 볼록하게 솟아 있고, 팥중이는 앞가슴등판에 X자 모양 무늬가 있어요. 풀무치도 이 둘과 닮았어요.

쌕쌔기
몸길이가 15~20mm로 전체적으로 몸과 앞날개가 가늘고 길어요.

긴꼬리쌕쌔기
몸길이가 15~24mm로 등쪽이 연한 갈색이에요.

쌕쌔기는 연한 녹색이지만 긴꼬리쌕쌔기는 녹색 또는 연한 갈색도 있어요. 쌕쌔기는 몸이 가늘고 긴데 긴꼬리쌕쌔기는 몸이 그보다 통통한 편이에요.

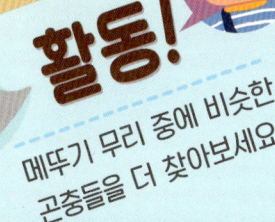

활동!
메뚜기 무리 중에 비슷한 곤충들을 더 찾아보세요.

메뚜기를 찾아라!

메뚜기는 우리 주변에서 쉽게 찾아볼 수 있어요. 머리 모양, 날개, 무늬를 기준으로 삼아 메뚜기를 찾고 함께 분류해 봐요.

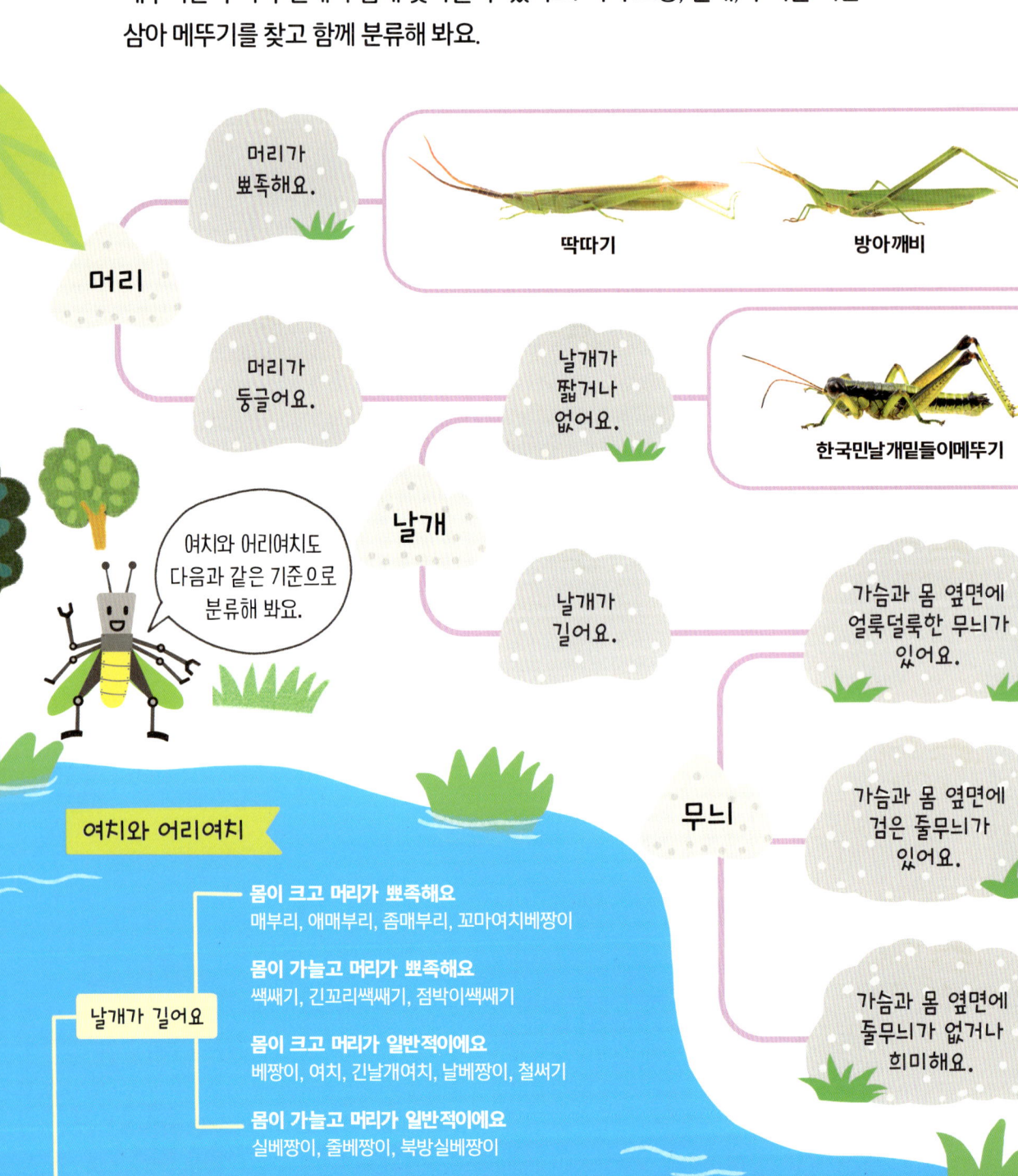

여름에 노래하는 메뚜기

무더운 여름날, 들판이나 풀밭에 가면 요란한 노랫소리를 들을 수 있어요. 하지만 가까이 다가가면 언제 그랬느냐는 듯 뚝 그쳐 버리지요. 이 노랫소리의 주인공은 누구일까요? 바로 메뚜기랍니다.

방아깨비와 콩중이는 날아갈 때만 소리를 내요.

콩중이

따다다닥
방아깨비

비이이이익
긴날개여치

치르치르치르
삽사리

치르르르
쌕쌔기

츠리리릿
애여치

저마다 노래 솜씨를 뽐내요

여름이 오면 메뚜기 수컷들은 풀밭과 나무 위에서 다리나 날개를 떨며 노래해요. 수컷들이 노래하는 이유는 암컷을 가까운 곳으로 불러들여 짝짓기를 하기 위해서예요. 주로 서식하는 곳에서 노래하는데, 이곳은 자기 소리를 가장 잘 뽐낼 수 있는 곳이기도 하지요.

어떻게 소리를 낼까요?

낮에 우는 메뚜기들은 뒷다리를 재빨리 앞뒤로 움직여 앞날개에 비벼서 소리를 내요. 뒷다리 안쪽의 까끌까끌한 돌기를 날개맥에 마찰해 소리를 내지요. 밤에 우는 베짱이와 귀뚜라미 등은 앞날개를 좌우로 비벼서 소리를 내요. 앞날개를 세우고 가슴 근육을 빠르게 수축했다가 이완하며 마찰해 소리를 낸답니다.

치리릭치리릭릭릭 — 중베짱이

리이리이리이 — 청솔귀뚜라미

날개를 비비는 방법이나 속도에 따라 다양한 소리가 나요.

가챠가챠가챠 — 철써기

리리리릿리리리릿 — 긴꼬리

찌이 — 매부리

뚜루루루 — 땅강아지

땅강아지 소리를 흉내 내는 쏙독새

땅강아지 수컷은 짝짓기를 위해 땅속에서 '뚜루루루' 소리를 내며 암컷을 불러요. 그런데 오스트레일리아의 쏙독새는 이 소리를 듣고 찾아와, 땅강아지 암컷의 소리를 흉내 내며 수컷을 불러내 잡아먹는다고 해요.

활동!
여름 낮에 풀밭에서 우는 메뚜기의 종류를 구분해 보세요.

메뚜기 이름은 이렇게 생겼대요

두꺼비메뚜기는 몸에 우툴두툴 돋은 돌기의 모양과 색이 두꺼비의 등을 닮아서 붙은 이름이란다.

방아깨비는 뒷다리를 잡았을 때 위아래로 몸을 팔딱이는 모습이 마치 디딜방아를 찧는 것 같다고 붙은 이름이지.

생김새나 행동에서 이름을 따온 거네요?

하하, 꼭 그렇지만은 않아.

딱따기는 날 때 '따다닥 딱딱' 소리가 나서 지은 이름이고

쌕쌔기는 '쌕쌔 기-기-기' 울어서 붙은 이름이니까.

메뚜기의 한살이

알, 애벌레, 번데기, 어른벌레의 과정을 모두 거치는 것을 갖춘탈바꿈이라고 해요. 갖춘탈바꿈에서 번데기 과정이 빠진 것을 안갖춘탈바꿈이라고 하지요. 메뚜기는 안갖춘탈바꿈을 하는 곤충이에요. 8월쯤 어른벌레가 된 메뚜기는 2~3개월 살면서 짝을 짓고 알을 낳아요. 메뚜기의 한살이를 함께 살펴봐요.

암컷과 수컷이 만나 짝짓기를 해요

가을이 되면 메뚜기 암컷과 수컷은 알을 낳기 위해 짝짓기를 해요. 메뚜기가 어른벌레로 사는 기간은 두 달 정도예요. 그 짧은 기간에 짝짓기를 하고 알 낳기까지 마쳐야 하니 무척 바쁘답니다.

메뚜기 수컷은 암컷을 잘 찾기 위해 시각과 청각이 더 발달했어요.

암컷을 부르는 수컷 메뚜기의 노랫소리

메뚜기 수컷이 암컷을 만나 짝짓기를 하려면 치열한 경쟁에서 이겨야 해요. 수컷 메뚜기는 뒷다리로 앞날개를 문질러 '찌르-륵, 찌르-륵' 소리를 내요. 이 소리로 자기가 얼마나 뛰어난 수컷인지를 암컷 메뚜기에게 알리지요. 암컷은 노래를 가장 크게, 가장 잘하는 수컷을 짝짓기 상대로 골라요.

방아깨비 암컷의 몸집은 수컷의 거의 2배예요.

암컷이 가까이 다가오면, 수컷은 암컷의 등으로 폴짝 올라가요. 메뚜기는 암컷이 수컷보다 더 커서, 수컷이 암컷에게 달라붙는다고 무조건 짝짓기가 되는 건 아니에요. 아직 준비가 덜 되었거나 수컷이 마음에 들지 않으면, 암컷은 힘센 다리로 수컷을 뻥 차 버린답니다.

소리가 굵고 낮은 걸 보니 저 수컷이 괜찮겠어.

"소리와 다르잖아? 실망이야."

"오, 내 사랑!"

"마음에 안 들어! 저리 가!"

암컷과 수컷

메뚜기 무리에는 암컷과 수컷이 다르게 생긴 종이 많아요. 산란관은 암컷에게만 있는데, 메뚜기는 산란관이 짧고 여치는 산란관이 길어요. 메뚜기 암컷은 수컷처럼 날개와 다리로 소리를 내지만, 수컷의 소리보다 훨씬 작아요. 여치는 두 날개를 비벼서 소리를 내는데 수컷만 소리를 내요.

뛰어난 짝을 얻으려고 경쟁해요

인기 많은 암컷 메뚜기에게는 수컷 2~3마리가 붙어서 서로 발로 차고 떨어뜨리며 싸워요. 모대가리귀뚜라미는 수컷끼리 만나면 박치기를 하며 힘을 겨루지요. 힘이 강한 종의 수컷들은 각자 자기 영역을 지켜요. 자기 영역 안에 암컷이 들어오면 환영하지만 다른 수컷이 들어오면 싸움을 벌여요. 반대로 힘이 약한 종의 수컷들은 한곳에 모여 커다랗게 합창하며 암컷들을 부르지요.

누가 더 센지 한번 겨뤄 보자고!

흥, 누가 겁날까 봐?

짝짓기를 해요

메뚜기 암컷이 수컷의 짝짓기 신청을 받아들이면, 수컷은 암컷의 등에 올라타 배를 배배 꼬며 짝짓기를 해요. 몸집이 작은 수컷이 암컷 등에 올라탄 모습은 마치 어미 등에 업힌 새끼처럼 보여요. 실제로 짝짓기하는 시간은 30분이 채 되지 않지만, 짝짓기를 마친 뒤에도 암컷과 수컷은 몇 시간씩 붙어 있어요. 그 이유는 다른 수컷이 암컷에게 접근하는 걸 막기 위해서랍니다.

수컷 우리벼메뚜기는 가운뎃다리로 암컷을 꽉 붙잡고, 다른 수컷이 다가오지 못하게 경계해요.

꼭 엄마가 아기를 등에 업은 것 같아요.

땅속에 알을 낳아요

수컷과 짝짓기를 마친 암컷 메뚜기의 배 속에는 많은 알이 생겨요. 얼마 지나지 않아 알이 커지며 알을 낳을 때가 다가오지요. 메뚜기는 여치나 귀뚜라미와 마찬가지로 땅속에 알을 낳아요.

암컷 메뚜기는 어떻게 땅을 팔까?

암컷 메뚜기의 배 끝에는 산란관이 달려 있어요. 이 산란관에는 갈고리 모양의 돌기가 짧게 나와 있는데, 암컷 메뚜기는 이 돌기를 위아래로 열고 닫으며 땅을 파고 배를 깊숙이 집어넣지요.

산란관은 암컷에게만 있답니다.

메뚜기의 알 낳기

암컷 메뚜기는 논 주변의 부드러운 흙 속에 배를 밀어넣고 알을 낳아요. 땅속에 알을 낳으면 온도가 유지되어 겨울을 나기에도 좋고, 천적의 먹이가 될 위험도 줄어들어요. 메뚜기 무리는 여름부터 늦가을까지 알을 낳지요.

1 온도와 습도, 흙의 상태 등 땅속 환경이 알을 낳기에 적합한지 확인해요.

2 산란관의 돌기를 위아래로 올렸다 내렸다 하며 땅을 파고, 배를 쭉 늘여 밀어 넣어요.

알을 낳은 뒤 겨울이 올 때쯤, 메뚜기들은 숨을 거두어요. 유일하게 죽지 않고 어른벌레로 겨울을 나는 메뚜기도 있어요. 바로 송장메뚜기랍니다.

알을 다 낳으면 배를 꺼내고 뒷다리로 흙을 모아, 알 낳는 구멍을 막고 단단히 다져요.

몽글몽글한 거품 속에 알을 100개쯤 낳아요. 알의 크기는 5밀리미터쯤 돼요.

알을 감싼 거품은 스티로폼처럼 굳어서 겨우내 알이 얼지 않도록 보호하지요.

여치의 알 낳기

메뚜기는 알을 한 번에 약 100개 정도 낳아요. 하지만 여치나 귀뚜라미는 땅속에 산란관을 꽂을 때마다 구멍 하나에 알도 하나씩 낳지요. 메뚜기의 산란관은 뭉툭하지만, 여치의 산란관은 납작하고 날카로워요. 여치는 산란관을 땅속에 꽂아 알을 낳아요. 얇은 판자 두 개를 합쳐 놓은 듯한 산란관 사이로 알이 내려가지요.

메뚜기가 여치처럼 구멍 하나에 알을 하나씩 낳는다면, 암컷 메뚜기가 너무 힘들 것 같아요.

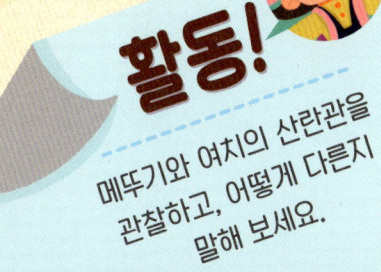

활동!
메뚜기와 여치의 산란관을 관찰하고, 어떻게 다른지 말해 보세요.

메뚜기의 한살이

메뚜기는 '알 ▶ 애벌레 ▶ 어른벌레'의 단계를 거치는 '안갖춘탈바꿈'을 해요. 애벌레와 어른벌레 사이에 번데기 단계가 있는 것은 '갖춘탈바꿈'이라고 하지요.

어른 메뚜기는 겨울을 넘기지 못하고 죽는구나. 내년 봄에 태어날 새끼들을 볼 수 없다니, 불쌍해.

갓 태어난 어린 메뚜기들은 넓은 들판으로 흩어져요.

1 따스한 봄이 오면 애벌레가 알을 깨고 땅 위로 올라와요.

6 암컷은 겨울이 오기 전, 땅속에 알을 낳은 뒤 죽어요.

메뚜기는 알을 낳을 때 배를 평소보다 길게 늘여 땅속 깊이 밀어넣고 알을 낳아요. 여치나 귀뚜라미는 긴 산란관을 땅에 푹 꽂아 알을 낳지요.

5 수컷은 울음소리로 암컷을 유혹해 짝짓기를 해요.

태어난 지 얼마 안 된 메뚜기 애벌레는 흙과 비슷한 갈색이지만, 들판이 초록색 풀로 덮일 때쯤엔 초록색으로 변해 자기 몸을 지키지요. 봄에 알에서 나온 메뚜기 애벌레는 여름에 어른벌레가 되고, 겨울이 오기 전에 알을 낳은 뒤 숨을 거두어요.

허물을 한 번 벗을 때마다 몸이 쑥쑥 커져요.

허물을 벗는 검정수염메뚜기

2 2~3개월 동안 허물을 네 번 벗으며 자라요.

메뚜기 애벌레는 어른벌레와 마찬가지로 풀을 먹고 자라요. 하지만 여치는 애벌레와 어른벌레의 먹이가 다르답니다. 애벌레는 풀을 먹고 자라지만, 어른이 되면 작은 곤충을 잡아먹지요.

3 8월쯤 마지막 허물을 벗고 어른벌레가 되어요.

어른벌레가 되면 더 높이 뛰어오르고, 더 멀리 날아갈 수 있어요.

4 어른벌레로 2~3개월 동안 살아요. 가을에 논에서 많이 볼 수 있지요.

천적에게서 몸을 지켜요

메뚜기는 보호색으로 천적에게서 몸을 숨겨요. 보호색은 주변 색깔과 비슷하게 몸 색깔을 바꿔 적의 눈을 속이는 것을 말해요. 약한 생물이 자기 몸을 지키는 방법 중 하나랍니다. 메뚜기와 여치는 몸 색깔이 녹색인 것이 많아요. 그래서 풀밭에 몸을 숨기면 몸 색깔이 보호색 역할을 하여 천적의 눈에 띄지 않지요.

풀숲에 숨은 메뚜기는 찾기가 힘들어요. 몸의 초록색은 풀색과 같고, 검은색 무늬는 그림자 색과 같기 때문이에요.

메뚜기의 천적

메뚜기의 천적은 사마귀, 벌, 거미, 개구리, 들새, 뱀 등이에요. 말벌 종류인 코벌은 독침으로 메뚜기를 마비시켜 집으로 끌고 가요. 그런 다음 어린 벌들에게 먹이로 준답니다.

사마귀는 풀잎 사이에 몸을 숨기고 있다가, 메뚜기가 나타나면 살금살금 다가가 낫처럼 생긴 앞다리로 덮쳐 잡아먹어요.

참새, 제비, 까치 등 많은 **들새**가 메뚜기를 먹이로 삼아요. 메뚜기는 들새의 먹이에서 큰 비중을 차지해요.

거미는 풀잎 사이에 거미줄을 쳐 놓고 메뚜기가 걸려들기를 기다려요. 거미줄에 걸린 메뚜기의 체액을 날카로운 입으로 빨아 먹지요.

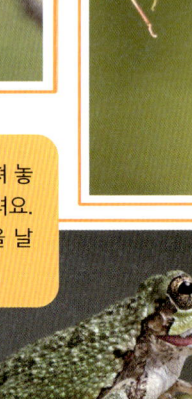

개구리는 기다란 혀를 쭉 뻗어서 메뚜기를 잡아먹어요.

메뚜기의 보호색

메뚜기는 주위 환경에 따라 보호색을 띠어요. 벼메뚜기는 여름에는 초록색 개체가 많다가, 벼가 누렇게 익어 가면 누런 갈색 개체가 많아지고 날개의 무늬도 한결 진해져요. 풀무치도 한여름에는 초록색 개체가 많고 풀이 누렇게 시드는 가을에는 갈색 개체가 많아지지요.

그런데 메뚜기의 보호색이 식물의 빛깔만 닮는 것은 아니에요. 강변메뚜기와 두꺼비메뚜기도 몸 색깔을 바꿔서 적을 잘 속이는데, 돌과 흙의 색을 닮았답니다. 강변에 사는 강변메뚜기는 몸 색깔이 강변에 있는 자갈과 비슷해요. 두꺼비메뚜기는 주로 마른 땅에 살아서 몸 색깔과 모양이 마른 흙을 닮았어요.

> 메뚜기가 카멜레온처럼 주변 환경에 따라 실시간으로 몸 색깔을 바꾸는 건 아니에요. 여러 차례 허물을 벗으면서 몸 색깔을 조금씩 바꾼답니다.

섬서구메뚜기

여름

가을

마른 흙의 색과 모양을 닮은 두꺼비메뚜기

메뚜기 무리에 속하는 방아깨비는 몸 색깔뿐만 아니라 생김새까지 풀잎을 닮았어요.

메뚜기의 이모저모

메뚜기에 대해 많이 알게 되었나요? 그런데 메뚜기와 관련된 재미난 이야기가 아직도 많이 남아 있답니다. 지금부터 메뚜기의 이모저모를 함께 알아봐요.

메뚜기가 초능력을 가졌다고요?

사막메뚜기 암컷은 짝짓기를 한 뒤 땅속 깊은 곳에 알을 낳아요. 배를 땅속에 집어넣고, 구멍을 판 뒤 알을 쑥 낳지요. 그런데 신기하게도 알을 낳을 때 암컷의 배가 2~3배나 길게 늘어나요. 그리고 알을 다 낳으면 다시 원래 길이로 돌아오지요.
어떻게 이런 일이 가능할까요? 사막메뚜기가 배를 접고 다니는 걸까요? 비밀은 바로 사막메뚜기의 배가 고무줄처럼 늘어났다 돌아오는 탄성력을 가졌기 때문이래요.

옛날 그림에 등장하는 메뚜기

조선 시대 화가들은 풀과 벌레를 함께 그리는 〈초충도〉를 즐겨 그렸어요. 그런데 〈초충도〉에 나오는 식물과 동물은 모두 각각 뜻을 지니고 있었어요. 예를 들어 가지, 오이, 참외, 수박은 자식을 많이 낳는 것을, 나비는 오래 사는 것을 의미하지요. 그 중에서도 메뚜기는 자손들이 잘되는것을 의미한답니다. 또 〈초충도〉에는 같은 메뚜기목 곤충인 여치, 방아깨비, 귀뚜라미 등도 등장하는데, 이는 모두 과거에 급제하여 높은 벼슬길에 오르는 것을 의미한답니다.

짝짓기 없이 알을 낳아요

동물은 대부분 암컷과 수컷의 짝짓기를 통해 알을 낳거나 새끼를 낳아요. 그런데 호주에 사는 '와라마바 비르고'라는 메뚜기는 짝짓기 없이 알을 낳아요. 이렇게 태어난 새끼는 모두 암컷이고, 어미와 똑같은 유전자를 갖지요.

그런데 이렇게 태어난 생명체는 특정한 바이러스나 전염병에 굉장히 약할 수 있어요. 또 환경 변화에 적응하기도 힘들어요.

하지만 와라마바 비르고는 무려 25만 년이나 멸종하지 않고 살아남았어요. 그 비밀은 아직도 밝혀지지 않았답니다.

우린 엄마만 있어요.

와라마바 비르고

폭발물과 암을 찾아내는 메뚜기

메뚜기는 냄새를 아주 잘 맡아요. 후각 세포가 5만 개 이상 있는 더듬이로 공기 중의 냄새를 순식간에 알아차리지요. 과학자들은 메뚜기의 이런 능력을 다양한 곳에 이용하려고 연구 중이에요. 메뚜기의 뇌에 전기 자극 장치를 달고, 메뚜기에게 구강암 세포에서 나오는 가스나 폭발물 증기를 맡게 했더니 메뚜기가 이에 반응한다는 것을 알아냈거든요. 심지어 메뚜기는 암세포와 폭발물의 종류까지 구별했어요. 앞으로 머지않은 미래에 병원에서 암 진단을 하는 메뚜기 의사와 공항에서 폭발물을 찾아내는 메뚜기 수색대가 생길지도 몰라요.

우리나라의 메뚜기

메뚜기는 우리에게 아주 친숙한 곤충 가운데 하나예요. 봄부터 가을까지 주위에서 쉽게 만날 수 있어요. 가장 많이 볼 수 있는 건 산지나 강변의 풀밭이에요. 연못의 물가, 논밭, 공원 등에서도 찾아볼 수 있지요. 메뚜기 무리 중에서 귀뚜라미나 땅강아지 종류는 동굴이나 돌 밑, 땅속에서 만날 수 있답니다. 우리나라에 사는 메뚜기 무리는 약 170종이에요. 어떤 종류가 있는지 함께 만나 볼까요?

메뚜기아목

- 메뚜기상과, 좁쌀메뚜기상과, 모메뚜기상과로 나뉘어요.
- 메뚜기상과는 다시 메뚜기과, 주름메뚜기과, 섬서구메뚜기과로 나뉘지요.
- 더듬이가 두껍고 몸길이보다 짧아요.
- 소리를 듣는 청각 기관이 배 양쪽의 첫 번째 마디에 있어요.
- 뒷다리와 앞날개를 비벼서 소리를 내요.
- 산란관의 돌기로 땅을 파고, 그 속에 알을 무더기로 낳아요.
- 주로 낮에 활발하게 활동해요.

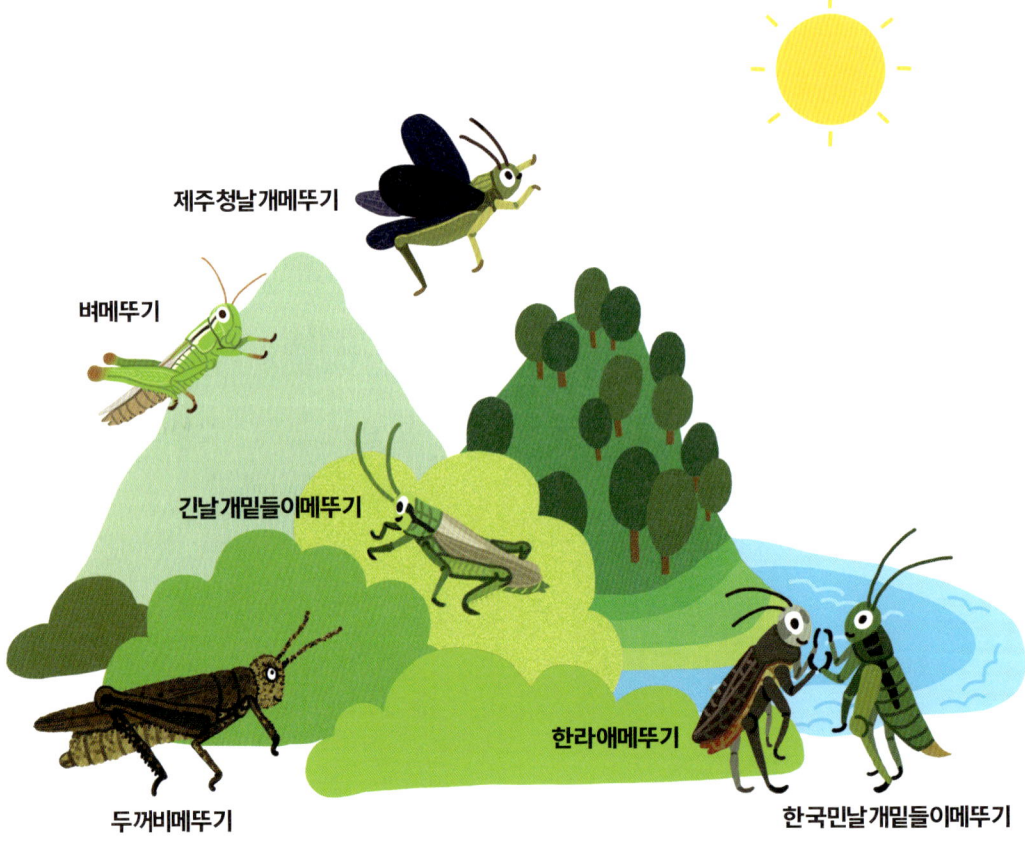

제주청날개메뚜기
벼메뚜기
긴날개밑들이메뚜기
두꺼비메뚜기
한라애메뚜기
한국민날개밑들이메뚜기

각시메뚜기

메뚜기과

몸길이 34~60mm **활동 시기** 1~12월

각시처럼 예쁘게 생겨서 이런 이름이 붙었어요. 햇볕이 잘 드는 산지, 밭, 풀밭 등에서 살고, 주로 벼과 식물이나 칡잎을 갉아 먹어요. 몸 색깔은 밝은 갈색이고 몸 가운데에 황색 선이 있어요. 눈 아래쪽과 앞가슴등판 옆에는 짙은 줄무늬가 있답니다. 몸 아랫면에는 흰 솜털이 많이 나 있어요. 특이하게 어른벌레로 겨울을 나요.

각시처럼 예쁘구나.

내가 좀 예쁘긴 하지.

극동애메뚜기

메뚜기과

몸길이 20~30mm **활동 시기** 7~9월

산꼭대기 풀밭이나 등산로 등에서 볼 수 있어요. 몸 색깔은 어두운 갈색으로 등면이 흑갈색인 것, 줄무늬가 있는 것 등 변이가 심해요. 뒷다리의 종아리마디와 배가 붉은색을 띠어요. 극동아시아에 널리 퍼져 살아간다고 해서 이런 이름이 붙었어요. 극동아시아는 흔히 우리나라, 일본, 중국 등 동아시아를 가리켜요.

긴날개밑들이메뚜기   메뚜기과

몸길이 24~40mm   **활동 시기** 6~11월

산지의 낮은 나무 위나 물가의 덤불 위에서 주로 볼 수 있어요. 밑들이메뚜기 무리 중에서 날개가 가장 길어요. 몸은 녹색이고 앞날개는 적갈색이에요. 겹눈 뒤에서 앞가슴등판 양쪽으로 검은 줄무늬가 이어지고, 뒷다리 무릎이 검은색이에요. 애벌레 때 무리를 짓는 습성이 있어요.

난 날개가 길어.
긴날개밑들이메뚜기

난 날개가 없는데…….
한국민날개밑들이메뚜기

끝검은메뚜기   메뚜기과

몸길이 30~45mm   **활동 시기** 6~9월

저수지, 습지, 논밭 주변의 습기가 많은 풀밭에서 볼 수 있어요. 전체적으로 어두운 초록색이에요. 앞날개와 뒷날개 끝부분과 넓적다리마디 끝이 검은색인 게 특징이에요. 암컷은 날개 끝의 검은 부분이 흐릿하게 나타나기도 해요. 수컷의 앞날개는 길이가 배 끝을 넘고, 암컷은 배 끝에 닿을 정도예요.

끝검은메뚜기는 정말 이름처럼 날개 끝이 검은색이네!

대륙메뚜기

메뚜기과

몸길이 11~20mm **활동 시기** 8~11월

높은 산지의 풀밭에서 볼 수 있고 개체 수가 많지 않아요. 몸의 등 쪽은 흑색이나 회갈색이고 배쪽은 황갈색이에요. 가슴에는 x자 무늬가 있어요. 수컷의 배 끝 부분이 붉은색을 띠어서 '붉은배풀메뚜기'라고도 해요. 암컷의 배 끝부분은 회갈색이거나 적갈색이지요.

대륙메뚜기 수컷은 정말 배 끝이 붉은색이야!

두꺼비메뚜기

메뚜기과

몸길이 23~34mm(앞날개 끝까지) **활동 시기** 6~9월

두꺼비처럼 머리와 앞가슴등판에 자잘한 혹이 우툴두툴하게 나 있다고 해서 이런 이름이 붙었어요. 산길이나 시골길 등 흙으로 덮인 땅 위에서 주로 볼 수 있어요. 햇볕이 잘 드는 땅 위를 좋아하는 습성 때문이지요. 도시의 콘크리트나 아스팔트 위에서도 볼 수 있는데, 흙빛 보호색을 띠어서 눈에 잘 띄지 않아요.

나도 두꺼비야.

앗, 나랑 진짜 닮았네?

등검은메뚜기
메뚜기과

몸길이 31~40mm　**활동 시기** 7~11월

논밭이나 산길가, 저수지 주변에서 흔히 눈에 띄어요. 앞가슴등판의 윗면이 검은색이라서 이런 이름이 붙었어요. 몸집은 중간 크기예요. 몸 색깔은 갈색이고 몸과 다리에 검은 점무늬가 흩어져 있어요. 앞가슴등판 양쪽으로 가느다란 노란색 선이 선명하게 나있어요. 콩과 식물을 먹지요.

등검은메뚜기의 겹눈을 자세히 보면 세로줄무늬가 보여요.

뚱보주름메뚜기
주름메뚜기과

몸길이 28~50mm　**활동 시기** 5~9월
멸종위기 야생생물 II급

사막처럼 건조하고 황량한 환경에서 살아요. 주변 환경에 따라 색이 달라요. 몸은 회갈색 또는 짙은 갈색이에요. 앞가슴등판에 주름이 져 있고 가슴이 두꺼워요. 날개는 매우 짧아요. 뒷다리가 굵어서 뛰어오르는 힘은 세지만, 몸이 크고 뚱뚱해서 빨리 뛰지 못해요. 땅 위나 낙엽층에 보호색으로 위장하여 숨어 살아 발견하기 어려워요.

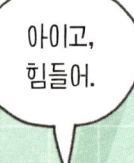

아이고, 힘들어.

모메뚜기　　　　　　　　모메뚜기과

몸길이 7~13mm　**활동 시기** 1~12월

날개가 짧아 나는 듯이 뛰어올라요. 몸 색깔은 어두운 갈색이에요. 개체에 따라 색깔과 무늬 변이가 심하고 앞가슴등판에 다양한 무늬가 나타나요. 머리가 큰 편이고, 앞날개는 짧고 작은 비늘 조각 모양이에요. 뒷날개는 그보다는 길지만 보통 앞가슴등판 길이를 넘지 않아요. 평지의 논밭, 숲의 바닥 등에서 낙엽과 이끼 등을 먹고 살며 1년 내내 볼 수 있어요.

밑들이메뚜기　　　　　　메뚜기과

몸길이 18~23mm　**활동 시기** 6~9월

산지의 낮은 나무에서 주로 볼 수 있어요. 낮은 나무 위에 붙어서 생활해요. 몸은 녹색이고, 배가 유별나게 위로 들려 있어서 밑들이메뚜기라는 이름이 붙었어요. 겹눈 뒤에서 앞가슴등판 양쪽으로 검은 줄무늬가 이어져요. 날개는 붉은색인데, 퇴화되어 매우 짧고 흔적만 남아 있어요.

나 먼저 갈게.

방아깨비

메뚜기과

> 방아깨비야, 어디 숨었니?

몸길이 42~86mm　**활동 시기** 7~10월

산과 들의 풀밭이나 벼과 식물이 자라는 밭에서 흔히 볼 수 있어요. 벼과 식물을 갉아 먹지요. 메뚜기 중에서도 몸집이 매우 큰 편이고, 암컷이 수컷보다 훨씬 더 커요. 암컷은 우리나라 메뚜기 중에서 몸길이가 가장 길답니다. 머리 앞부분이 뾰족하고 더듬이는 짧고 납작해요. 몸 색깔은 녹색에서 갈색까지 변화가 심해요. 날 때 '따다다닥' 하고 날개 부딪히는 소리를 내요. 손으로 뒷다리를 잡고 있으면 방아를 찧듯 위아래로 움직여 방아깨비라는 이름이 붙었어요.
머리 끝부분이 뾰족한 게 섬서구메뚜기와 닮았어요. 하지만 더듬이는 다르게 생겼답니다.

> 와, 진짜 비슷하게 생겼다!

방아깨비　　**섬서구메뚜기**

44

삽사리 — 메뚜기과

몸길이 20~30mm **활동 시기** 5~9월

산지의 햇볕이 잘 드는 풀밭이나 공원, 무덤가에서 볼 수 있어요. 벼과 식물을 주로 먹지요. 몸색깔이 노랗고 등 쪽은 갈색이에요. 수컷은 밝은 황갈색, 암컷은 보통 회갈색으로 수컷과 암컷의 차이가 심해요. 수컷은 앞날개가 가늘고 짧으며 끝이 굵고, 암컷은 날개가 발달하지 않고 다리는 황록색이에요. 한낮에 앞날개와 뒷다리를 비벼서 소리를 낸답니다.

반가워. 나도 삽사리야. 삽살개라고도 하지.

섬서구메뚜기 — 섬서구메뚜기과

몸길이 25~42mm **활동 시기** 7~11월

방아깨비와 닮아서 마치 작은 방아깨비처럼 보여요. 풀밭에서 주로 볼 수 있으며, 전체적으로 칼 모양으로 납작해요. 머리 앞쪽이 뾰족하고 가슴은 넓은 데다, 배 끝은 다시 가늘어져 전체적으로 베를 짤 때 쓰는 북처럼 생겼어요. 대부분 녹색형이지만 회녹색형, 갈색형도 나타나요. 수컷이 암컷에 비해 무척 작아요. 수컷은 암컷의 등에 올라타서 오랫동안 함께 지내며 짝짓기를 해요. 우리나라 고유종이에요.

좁쌀메뚜기

좁쌀메뚜기과

몸길이 4~5mm **활동 시기** 9~10월

크기가 작고 땅강아지와 비슷하게 생겼어요. 몸 색깔은 검은색이고 광택이 나며, 머리가 둥글고 겹눈이 잘 발달했어요. 앞날개는 배를 절반 정도 덮을 정도로 짧고 뒷날개는 더 길어요. 물가, 논밭, 습지, 연못가 주변의 진흙이나 모래땅에서 살아요. 땅속에 굴을 파서 그 속에 숨거나 겨울잠을 자요. 물에 떨어지면 헤엄을 치지요.

메뚜기 중에서도 특히 작아서 좁쌀메뚜기란 이름이 붙었나 봐.

좁쌀

제주청날개애메뚜기

메뚜기과

몸길이 25~27mm **활동 시기** 7~9월
우리나라 고유종

제주도의 높은 산지에서만 볼 수 있어요. 우리나라에만 있는 고유종이지요. 몸 색깔은 수컷은 어두운 녹색, 암컷은 갈색으로 차이가 뚜렷해요. 더듬이는 짧아서 머리와 가슴을 합친 길이와 비슷해요.

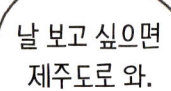

날 보고 싶으면 제주도로 와.

콩중이

메뚜기과

몸길이 35~65mm **활동 시기** 7~11월

몸 색깔은 짙은 녹색 또는 흑갈색이에요. 녹색형과 갈색형 중 녹색형이 더 많고, 풀밭에 사는 것일수록 녹색이 진해요. 풀무치처럼 생겼는데 크기가 더 작아요. 앞가슴등판의 가운데가 풀무치나 팥중이에 비해 뚜렷하게 솟아 있어요. 주로 들판이나 숲 가장자리, 냇가 풀밭에서 살며, 녹색 점박이 무늬로 몸을 숨긴답니다. 초원에 주로 많고 특히 콩과 식물 주변에서 많이 볼 수 있어요.

풀무치와 무척 비슷하게 생겼어요.

팔공산밑들이메뚜기

메뚜기과

몸길이 18~29mm **활동 시기** 6~10월
우리나라 고유종

대구 팔공산에서 채집한 개체를 기준으로 이름을 붙여 이런 이름을 갖게 되었어요. 우리나라에만 있는 고유종이랍니다. 겹눈 뒤에서 앞가슴등판의 양쪽으로 검은 줄무늬가 이어지는 게 특징이에요. 앞날개는 분홍색으로 아주 짧은 조각 모양이에요. 겉으로 봤을 때는 밑들이메뚜기와 비슷해요. 알로 겨울을 나요. 주로 낮은 나무 위에 앉아 있으며 활엽수 잎을 갉아 먹어요.

팥중이

메뚜기과

몸길이 32~45mm　**활동 시기** 7~10월

산기슭이나 물가의 풀밭, 자갈밭에서 흔히 볼 수 있어요. 주로 콩과 식물을 먹어요. 몸은 황갈색 또는 회갈색 바탕에 어두운 갈색 얼룩무늬가 있어요. 짙은 팥가루를 뿌려 놓은 것 같은 몸 색깔 때문에 흙이나 자갈밭에 앉아 있으면 찾기 힘들어요. 위에서 보면 앞가슴등판에 X자 모양의 황갈색 무늬가 있어요.

풀무치

메뚜기과

몸길이 48~65mm　**활동 시기** 6~11월

사람이 잘 다니지 않는 산골이나 무덤 주변 풀밭에서 살아요. 보호색이 뛰어나 눈에 잘 띄지 않아요. 턱이 튼튼해서 억센 풀잎도 잘 씹어 먹지요. 콩중이나 팥중이와 비슷하지만 크기가 더 커요. 천적에게 잡히면 뒷다리 안쪽과 앞날개를 비벼 소리를 낸답니다. 크게 떼를 지어 날아다니며 벼과 식물인 농작물에 큰 피해를 끼치기도 해요.

풀에 묻힌 벌레라고 해서 풀무치가 되었대요.

한국민날개밑들이메뚜기 — 메뚜기과

몸길이 17~30mm　**활동 시기** 7~10월
우리나라 고유종

높은 지대에 있는 산림의 낮은 나무 잎사귀에서 주로 볼 수 있어요. 몸 색깔은 녹색인데 드물게 갈색도 있어요. 뒷머리가 검은색이고 몸의 양옆을 따라 검은 세로줄 무늬가 있는 게 특징이에요. 수컷과 암컷 모두 날개가 전혀 자라지 않아요. 날개가 없는 민날개밑들이메뚜기 가운데 한국에서만 사는 종이라는 뜻에서 이런 이름이 붙었지요.

민날개밑들이 메뚜기 중에서 우리나라에만 있는 건 나뿐이라고!

한라애메뚜기 — 메뚜기과

몸길이 16~22mm　**활동 시기** 7~9월
우리나라 고유종

제주도 한라산의 고지대에서 살아요. 제주청날개애메뚜기와 마찬가지로 우리나라 고유종이에요. 자세한 생태는 알려지지 않았어요. 몸 색깔은 갈색 또는 녹색으로, 배 끝과 넓적다리마디 끝의 아랫면이 선명한 빨간색이에요. 배 아랫면에 흰 털이 나 있어요. 암컷은 수컷보다 조금 큰데 이 빨간색이 덜 선명해요.

우리는 같은 동네에 살아. 그곳은 바로 제주도!

한라애메뚜기　　제주청날개메뚜기

활동!
메뚜기아목에 속하는 것들을 더 찾아보세요.

여치아목

- 여치상과, 귀뚜라미상과, 어리여치상과로 이루어져 있어요.
- 더듬이가 실처럼 가늘고 몸길이보다 훨씬 길어요.
- 소리를 듣는 청각 기관이 앞동아리마디에 있어요.
- 두 장의 앞날개를 비벼서 소리를 내요.
- 식물의 줄기나 잎, 습기가 있는 흙 속에 산란관을 꽂고 알을 낳는데, 구멍 하나에 알을 하나씩만 낳아요.
- 초식성과 잡식성이 많지만, 가끔 다른 곤충을 잡아먹는 육식성도 있어요. 주로 밤에 활발하게 활동해요.

갈색여치

여치과

몸길이 24~32mm　**활동 시기** 8~10월

산지의 덤불이나 등산로 등 낮은 바닥에서 생활하며 어디서든 흔히 볼 수 있어요. 대규모로 번식하면서 농작물에 피해를 끼치지요. 몸집이 큰 만큼 게걸스럽게 먹어 대요. 원래는 식물의 잎이나 열매를 주로 먹지만, 작은 곤충이나 심하면 같은 동족도 잡아먹어요. 몸 색깔은 녹색인 일반 여치와 달리 어두운 갈색이에요. 날개가 굉장히 짧아서 얼핏 보면 꼽등이와 비슷해 보여요. 하지만 꼽등이보다 몸집이 좀 더 크고 사는 장소도 달라서 구분할 수 있어요. 개체 수도 많고 생명력도 강해서 실험하기에 좋아요.

곰귀뚜라미

귀뚜라미과

몸길이 10~12mm　**활동 시기** 8~10월

사람이 사는 집 주변이나 공원의 풀밭에서 드물게 볼 수 있어요. 몸 색깔은 어두운 흑갈색이고 다리는 밝은 황갈색이에요. 수컷의 앞날개는 배를 절반 이상 덮으나 배 끝을 넘지 않아요. 암컷의 앞날개는 배를 절반 정도 덮어요. 수컷은 밤중에 '릭- 릭- 릭' 하며 짧고 높은 소리로 우는데, 다른 귀뚜라미에 비하면 울음소리가 약해서 눈에 잘 띄지 않아요.

검은다리실베짱이

여치과

몸길이 29~36mm　활동 시기 6~11월

짙은 녹색으로 실베짱이와 비슷하게 생겼어요. 더듬이와 뒷종아리마디가 검은색인 게 특징이에요. 녹색 몸 전체에 작은 흑색 점무늬가 흩어져 있어요. 앞날개는 짧고 좁으며, 뒷날개가 앞날개보다 더 길어요. 식물의 잎이나 꽃가루를 즐겨 먹어요.

극동귀뚜라미

귀뚜라미과

몸길이 15~22mm　활동 시기 8~11월

우리나라에서 가장 흔한 귀뚜라미 중 하나예요. '귀뚤귀뚤' 하고 우는 귀뚜라미가 바로 이 귀뚜라미랍니다. 흑갈색 몸에 광택이 있고, 머리는 둥글고 폭이 넓어요. 풀밭이나 집 주변에서 쉽게 볼 수 있지요. 중국에서 귀뚜라미 싸움 대회에 쓰이는 종으로도 유명해요.

긴꼬리
귀뚜라미과

몸길이 11~16mm **활동 시기** 8~10월

귀뚜라미과에 속하지만, 우리가 흔히 아는 검은색이나 갈색 귀뚜라미와는 달라요. 산과 들의 수풀 사이의 콩과나 국화과 식물에서 주로 볼 수 있어요. 몸 색깔은 연노란색이고 몸통이 가늘고 길어요. 머리는 작고 길쭉하며 홑눈이 없어요. 수컷은 밤에 앞날개를 들고 서로 맞비벼 울음소리를 내요. 울음소리는 낮고 아름다워요. 외부 온도에 따라 울음소리의 박자가 쉽게 변해요.

모르고 보면 귀뚜라미인 줄 생각도 못 할 것 같아.

긴날개중베짱이
여치과

몸길이 28~34mm **활동 시기** 7~10월

날개가 유난히 길어 이런 이름이 붙었어요. 몸 전체가 선명한 녹색으로 비교적 크고 날씬해요. 다리에 가시가 잘 발달해 있어요. 어른벌레는 육식성이 강하며, 손으로 잘못 잡으면 심하게 깨물 수도 있으니 조심해야 해요.

아야!

꼬마여치베짱이

여치과

몸길이 43~50mm　**활동 시기** 1~12월

몸집이 큰편이에요. 여치베짱이와 비슷하게 생겼지만 크기가 작다는 뜻에서 앞에 '꼬마'가 붙었어요. 어른벌레로 겨울을 나고, 봄이 되면 수컷은 나무나 풀밭에서 '찌-' 하고 연속적으로 울어요. 울음소리가 무척 선명해서 200미터쯤 떨어진 곳까지 잘 들린답니다. 몸은 갈색이고, 머리 윗면부터 앞가슴등판 윗면은 짙은 갈색이에요. 앞날개에 작은 흑색 점이 흩어져 있어요.

등줄어리쌕쌔기

여치과

몸길이 11~14mm　**활동 시기** 8~10월
우리나라 고유종

야산에서 아주 흔하게 볼 수 있어요. 전체적으로 연한 녹색으로 크기가 작아요. 앞가슴등판은 연한 노란색인데, 양쪽 가장자리에 검은색의 가느다란 띠무늬가 있어요. 겹눈은 붉은색이에요. 작은 곤충을 사냥해 잡아먹어요. 밤중에 풀이나 나뭇잎 위에서 들릴락 말락 하게 작은 소리로 울어요. 밤에 불빛을 보고 날아오기도 해요.

땅강아지

땅강아지과

몸길이 30~35mm **활동 시기** 5~10월

> 예전에는 비 오는 날 땅속에서 무슨 소리가 들리면 지렁이가 운다고 생각했는데, 사실은 땅강아지가 우는 소리랍니다.

앞다리가 삽처럼 생겨서 땅을 잘 파요.

예전부터 우리에게 무척 친숙한 곤충이에요. 어른벌레로 땅속에서 겨울을 나요. 몸 색깔은 어두운 갈색이고 몸 전체가 부드러운 털로 덮여 있어요. 머리가 앞가슴등판보다 작고, 더듬이도 상대적으로 짧아요. 앞다리는 삽처럼 넓적해 땅을 파기에 알맞아요. 앞다리로 땅을 파고 흙 속에서 돌아다니며 식물의 뿌리를 갉아 먹어요. 뒷날개가 발달하여 잘 날아다녀요. 어른벌레는 여름밤 불빛에 날아들기도 해요.

수컷은 봄과 가을에 걸쳐 밤중에 '뚜르르르—' 하고 연속적으로 울어요. 주로 물기가 축축한 곳에서 땅굴 입구를 만들고 그 안에서 울다가, 사람이 다가오면 땅굴로 재빨리 몸을 숨겨요.

모래방울벌레
귀뚜라미과

몸길이 7~8mm **활동 시기** 7~10월

귀뚜라미과에 속하며, 해변이나 강변의 모래밭에서 볼 수 있어요. 암컷의 앞날개는 배의 절반을 덮을 정도예요. 암컷은 식물 뿌리 부근에 산란관을 찔러 알을 낳아요. 밝은 회색 바탕에 작은 갈색 반점이 흩어져 있어서 몸 색깔이 모래와 잘 어울려요. 모래밭 위에 있으면 몸 색깔이 보호색으로 작용해 쉽게 눈에 띄지 않아요. 수컷은 낮 또는 밤에 '찌이- 찌이— 찌이-' 하고 울어요.

모래방울벌레야, 어디에 숨었니?

다음 사진들에서 모래방울벌레를 함께 찾아볼까요?

섬중베짱이 — 여치과

몸길이 36~40mm **활동 시기** 7~10월

제주도, 거제도 등 한반도 남부 섬 지방에서 산다고 해서 이런 이름이 붙었어요. 예전에는 중베짱이로 분류했지만, 최근에 별도의 새로운 종으로 분류되었지요. 전체적으로 중베짱이와 비슷하지만 몸집이 훨씬 크고 뚱뚱해요. 육식성이 무척 강해서 섬중베짱이를 애완용으로 기르기도 해요.

쌍별귀뚜라미 — 귀뚜라미과

몸길이 24~29mm **활동 시기** 8~11월

몸 색깔은 광택이 있는 검은색이고, 앞날개 위쪽으로 양측에 한 쌍의 노란색 반점이 뚜렷하게 나 있어요. 이 반점 때문에 이름에 '쌍별'이 붙었지요. 파충류나 절지류 등을 애완동물로 기른다면 한 번쯤 봤을 만큼 익숙한 귀뚜라미예요. 도마뱀이나 개구리, 타란툴라 거미 등의 먹이로 많이 쓰여요.

우리나라에서도 살고 있지만 수가 매우 적어서, 애완동물의 먹이나 식량을 목적으로 외국에서 수입되는 경우가 거의 대부분이에요.

최근에 사람이 먹을 수 있는 곤충으로 승인되었어요. 세계적으로 곤충을 식량으로 활용하려는 연구가 활발해지면서, 미래에 사람들에게 단백질을 제공할 공급원으로 기대를 받고 있어요.

활동! 쌍별귀뚜라미를 먹이로 하는 애완동물을 더 알아보세요.

우리여치

여치과

몸길이 24~30mm **활동 시기** 7~10월
우리나라 고유종

산지에서 드물게 볼 수 있어요. 몸집이 큰 편이고 녹색과 갈색이 섞여 있지요. 갈색여치와 비슷하게 생겼는데, 수컷은 갈색여치보다 날개가 훨씬 발달해서 배를 거의 덮어요. 암컷의 산란관도 갈색여치보다 짧아서 아래로 굽어져요. 앞날개는 갈색이고 다리는 녹색인데 검은 반점이 흩어져 있어요. 수컷은 밤중에 뚜렷한 울음소리를 내요. 우리나라 고유종이라서 이런 이름이 붙었어요.

여치는 잡식성이 많은데 그중에서도 육식을 좋아해요. 육식성 여치는 뒷다리가 굵고 길며 다리에 가시가 있답니다.

잔날개여치

여치과

몸길이 22~30mm **활동 시기** 6~9월

날개가 작다고 해서 이런 이름이 붙었어요. 앞날개가 짧아서 배를 절반도 덮지 못하거든요. 암컷의 앞날개는 수컷보다 더 짧아요. 중소형 종으로 몸 전체가 갈색이에요. 수컷은 색이 진하고 암컷은 색이 옅어요. 눈 뒤와 앞가슴등판 옆에 선명한 흰색 테두리가 있어요. 뒷다리의 넓적다리마디가 무척 굵어요. 하천 옆이나 습지같이 물기가 많은 곳에서 주로 볼 수 있지요.

장수꼽등이　　　　꼽등이과

몸길이 22~24mm　　**활동 시기** 6~10월

밤에 산지에서 숲 바닥이나 낙엽층 위를 주로 돌아다녀요. 낮에는 돌 밑이나 어두운 절벽 틈, 썩은 나무속, 동굴 입구 등에 들어가 쉬지요. 썩은 나무나 수액이 흐르는 나무 주변에서도 볼 수 있어요. 몸 색깔은 흑갈색이고 광택이 나요. 특히 앞가슴 등판이 진한 흑색을 띠고 나머지 몸 부분은 그보다는 연한 색이에요. 뒷다리의 넓적다리마디가 매우 굵고, 각 다리의 마디는 검은색이에요.

풀종다리　　　　귀뚜라미과

몸길이 6~7mm　　**활동 시기** 7~11월

전국의 야산에서 흔하게 볼 수 있어요. 크기도 작고 잘 도망다녀서 보거나 잡기가 쉽지 않아요. 암컷과 수컷이 무척 다르게 생겼는데, 옆의 사진은 암컷이에요. 암컷의 산란관은 위로 구부러진 바늘 모양이지요. 수컷의 앞날개는 투명하고 반점이 있어요. 암컷과 수컷 모두 뒷다리의 넓적다리마디에 어두운 세로줄 무늬가 두 줄 나 있어요. 수컷은 밤낮으로 활발하게 우는데, '후이리리리ㅡ' 하고 연속적으로 울어요.

> 이름은 풀종다리지만 귀뚜라미과에 속해서 울음소리가 듣기 좋아요.

활동!

여치아목에 속하는 것들을 더 찾아보세요.

메뚜기가 무서운 곤충이라고요?

메뚜기는 혼자 있을 때는 작고 친근한 곤충이지만 거대한 무리를 이루면 공포의 대상이 돼요. 메뚜기 떼가 농작물뿐만 아니라 풀과 나무까지 몽땅 먹어 치우기 때문이에요. 메뚜기떼가 쓸고 지나간 자리에는 아무것도 남지 않는답니다.

인간의 삶을 위협하는 메뚜기 떼

2020년 봄, 아프리카에 메뚜기 떼가 나타나 서울의 10배가 넘는 크기의 지역을 휩쓸고 갔어요. 메뚜기 떼의 습격을 받은 케냐, 소말리아, 우간다, 에티오피아, 우간다, 탄자니아 지역은 심각한 식량난을 겪었지요. 소말리아는 국가 비상 사태까지 선포할 정도였어요. 아프리카 지역은 몇 년간 지속된 가뭄과 메뚜기 떼가 끼친 피해로 엄청난 고통을 겪고 있답니다. 그런데 메뚜기 떼의 습격은 언제부터 있었을까요?

메뚜기 떼는 성경에도 등장할 정도로 오래전부터 사람들을 위협했어요. 미국 서부 개척 시대였던 1878년 로키산맥 근처에 거대한 메뚜기 떼가 나타났어요. 당시 수없이 많은 숫자의 메뚜기가 무리를 지어 살아 있는 회오리바람처럼 서부 지역을 휩쓸어 큰 피해를 입혔지요.

메뚜기는 엄청나게 많이 먹는데, 메뚜기 애벌레는 날마다 자기 몸무게의 3배에 달하는 먹이를 먹어요. 중간 규모 메뚜기 떼는 아프리카 나라 중 하나인 케냐 전체 인구의 식량을 먹어 치울 수 있다고 해요.

미국 농업에 큰 해를 끼친 로키산메뚜기는 다행히도 멸종되었어요.

메뚜기 떼의 발생은 기후 변화 때문

이렇게 무시무시한 메뚜기떼는 왜 나타나는 걸까요? 바로 날씨와 관련이 있어요. 원래 메뚜기 알은 가뭄이나 건기에는 부화하지 않다가 비가 내리면 한꺼번에 부화해요.
그런데 최근 아프리카에 메뚜기 떼 문제가 심각해진 것은 기후 변화 때문이에요. 아프리카 지역은 지난 몇 년 동안 극심한 가뭄을 겪었는데, 최근 갑자기 엄청나게 많은 비가 쏟아졌어요. 케냐 등에서는 폭우로 인한 홍수와 산사태로 수십만의 이재민이 발생할 정도였지요. 이후 가뭄으로 쌓여 있던 메뚜기 알들이 폭발하듯이 부화하면서 지금의 위기를 맞게 된 거예요.
더 걱정스러운 점은 이 문제가 아직 끝나지 않았다는 점이에요. 거대한 메뚜기 떼는 아프리카를 넘어 인도와 파키스탄, 중국 등에도 계속 발생하고 있어요. 앞으로 지구 온난화로 건기와 우기가 불규칙해지면 이런 일이 계속해서 발생할 수밖에 없어요. 메뚜기 떼를 막기 위해서라도 지구 온도가 더 높아지는 것을 막아야 한답니다.

메뚜기 떼는 없애야 할 나쁜 곤충인가요?

메뚜기 떼는 인간에게 위협적이지만 메뚜기는 인간에게 이로운 곤충이기도 해요. 미래 세대를 위한 귀한 식량 자원이거든요. 메뚜기는 사람이 먹을 수 있는 대표적인 식용 곤충 중 하나예요. 단백질이 쇠고기의 3배나 되는 데다 칼슘, 철, 아연, 비타민, 무기질 등이 풍부하지요. 게다가 번식력도 좋아서 쉽게 기를 수 있어요. 앞으로는 메뚜기 같은 곤충들이 식량으로 더 많이 이용될 거예요.

스스로 연구하기

지금까지 메뚜기에 대해 많은 것을 배웠어요. 이번에는 그동안 배운 것을 바탕으로 메뚜기를 채집해 기르며 직접 연구해 보세요. 관찰 기록장도 써 보고 재미난 실험도 해 보며 스스로 연구하는 힘을 길러 보세요.

메뚜기를 채집해요

메뚜기와 여치를 관찰하려면 먼저 채집을 해야 해요. 메뚜기는 주로 낮에, 여치는 주로 밤에 활발히 활동하지요. 메뚜기와 여치는 여름에 주위 풀밭에서 쉽게 찾을 수 있어요.

준비물이 필요해요

메뚜기와 여치를 채집하려면 필요한 준비물이 있어요. 집 공원이나 가까운 숲에서 채집할 수도 있지만, 높은 산이나 풀이 무성한 곳에 갈 때는 다음과 같이 준비가 필요해요.

모자
여름에는 모자를 써서 뜨거운 햇볕을 막아요.

포충망
곤충을 잡는 도구예요. 손잡이가 긴 것과 짧은 것을 함께 준비하면 좋아요.

스마트폰 또는 녹음기
메뚜기나 여치 사진을 찍거나 소리를 녹음할 때 필요해요.

장갑
손이 긁히지 않도록 보호해요.

손전등
밤에 곤충을 채집할 때 써요. 스마트폰으로 대신해도 돼요.

긴소매, 긴바지, 장갑, 운동화
각종 벌레와 독풀, 사고 예방 등 위험으로부터 몸을 보호해요.

채집통
한 마리씩 들어갈 수 있는 것으로 준비해요.

배낭
필기도구, 잠바, 물과 간식, 비상 약품을 담아요.

어디에서 채집할까요?

메뚜기 무리가 사는 곳은 풀밭, 동굴, 나무 위에 이르기까지 무척 다양해요. 대부분의 메뚜기 무리는 풀밭이나 나무 위에서 살아요. 반면에 땅강아지는 굴을 파고 땅속에서 살고, 꼽등이는 동굴이나 사람이 사는 집 근처에서 살지요.

산지 풀밭 / 집 주위 공원 / 땅속

논밭 / 집 근처 / 강변 풀밭

어떻게 채집할까요?

곤충을 채집하는 가장 간단한 도구는 손이에요. 그다음이 포충망이지요.

낮에 주로 활동하는 메뚜기 무리를 채집할 때는 포충망을 사용하면 편리해요. 쓸어 잡는 방식으로 채집할 때는 포충망이 좀 더 튼튼한 것이 좋아요.

밤에 활동하는 종류는 불빛을 이용해 채집할 수 있어요.

손으로 잡기
메뚜기 무리를 손으로 잡을 때는 물릴 수도 있으니, 조심해야 해요. 곤충의 등 쪽 방향에서 가슴 부분을 손으로 단단히 쥐면 돼요.

포충망으로 채집하기
땅 위처럼 낮은 곳에 있는 메뚜기 무리를 잡을 때는 위에서 아래로 덮어 씌우듯이 채집해요. 쓸어잡는 방식으로 채집할 때는 메뚜기나 여치가 있을 만한 풀숲이나 덤불 등을 포충망으로 쓸어내듯이 털어서 채집해요.

불빛을 이용해 채집하기
여치 무리 중에는 불빛을 보고 날아오는 것들이 있어요. 해가 진 다음 공원이나 산길의 가로등을 찾아가서 채집해요. 손전등이나 스마트폰 등의 불빛으로 곤충을 끌어들인 뒤, 불빛 뒤쪽에 걸어 둔 흰 천에 붙은 곤충을 채집해도 돼요.

기르고 관찰해요

곤충을 직접 기르면서 관찰하는 건 자연을 이해하는 아주 좋은 방법이에요. 잠깐 지나치며 보는 것에 비하면 훨씬 더 많은 것을 직접 배울 수 있기 때문이에요.

이렇게 준비해요

메뚜기나 여치를 집에서 기를 때 기본적으로 필요한 것은 온도와 습도, 흙, 먹이 등을 곤충이 살던 곳의 환경과 최대한 비슷하게 맞춰 주는 거예요. 습도를 유지하려면 젖은 흙을 깔아주는 게 좋아요. 특히 여치아목인 귀뚜라미와 꼽등이는 습한 곳을 아주 좋아해요.

귀뚜라미와 여치, 어리여치 종류는 메뚜기 무리 중에서도 가장 키우기 쉬워요. 이 곤충들은 먹이를 아무거나 잘 먹어서 사람이 먹다 남긴 음식물 찌꺼기만 줘도 잘 자라요. 실온에 그냥 둬도 잘 살아서 인공 조명으로 빛과 온도를 조절해 줄 필요가 없지요.

메뚜기 종류는 여치 종류보다 키우기가 더 까다로워요. 먹이도 정해진 것만 먹는 종류가 많고, 실온보다 더 높은 온도와 빛이 필요해서 인공조명을 쓰거나 온실을 이용해야 하거든요. 이런 조건을 맞춰 주지 못하면 애벌레 시기에 잘 죽는답니다.

이렇게 관찰해요

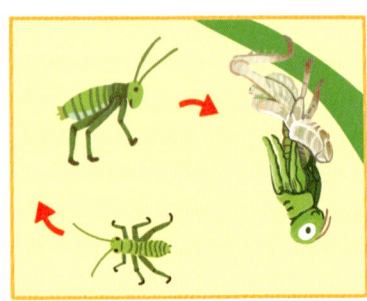

❶ 여치 종류의 애벌레를 기르면 허물을 벗는 모습을 여러 차례 관찰할 수 있어요. 어른벌레가 되기 전에 날개돋이를 하는 모습도 관찰할 수 있지요.

❷ 여치 종류의 어른벌레 암컷과 수컷을 함께 기르면, 소리를 내는 모습과 짝짓기하는 모습을 관찰할 수 있어요.

❸ 짝짓기가 끝난 뒤 암컷을 따로 기르며 알 낳는 모습을 관찰할 수 있어요. 이때는 사육 상자에 흙을 5~6센티미터 깊이로 깔아 주어야 해요.

관찰한 것을 기록해요

메뚜기나 여치, 귀뚜라미를 관찰하고 관찰 기록장을 써 보세요. 관찰 기록장은 어떻게 써야 한다고 정해진 형식이 없어요. 채집하고 관찰하는 과정에서 경험한 것을 자유롭게 글과 그림으로 나타내면 돼요.

관찰 대상	여치
관찰 날짜	2023년 7월 22일
관찰 시간	저녁 8시
관찰 장소	집
관찰 내용	* 날개는 2쌍, 다리는 3쌍이다. * 앞다리와 가운뎃다리에 비해 뒷다리가 훨씬 더 두껍고 길다. * 몸길이는 30mm 정도이다. * 몸 색깔이 녹색이다. * 앞날개에 뒷다리를 문질러서 소리를 낸다. * '찌르르찌르르' 하고 운다.
느낀 점	생각했던 것보다 여치의 울음소리가 무척 우렁차서 놀랐다. 메뚜기보다 울음소리가 크다고 하는데, 다음에는 메뚜기의 울음소리와 비교해 봐야겠다.

더 궁금한 것이 있다면 책이나 인터넷으로 찾아보세요.

더 궁금한 것을 탐구해요

위험해지면 냄새 나는 검은 물을 뿜고, 뒷다리를 끊고 달아나요

메뚜기는 들새나 뱀, 쥐, 사마귀 같은 천적에게 잡히면 몸속에서 만든 검은색 물을 토해 내요. 이 검은색 물은 쓰고 토할 것 같은 맛이 나요. 그래서 한 번 이 맛을 본 천적은 그 뒤로 메뚜기를 잡아먹지 않는답니다.

메뚜기는 천적에게 뒷다리를 물리면 끊고 도망쳐요. 뒷다리가 하나만 있어도 죽지 않고 살 수 있다고 해요. 어른벌레가 아닌 애벌레라면, 여러 차례 허물을 벗으며 뒷다리가 조금씩 다시 자라기도 해요.

헤엄을 잘 치는 메뚜기

메뚜기는 땅 위에 사는 대부분의 곤충들과 달리 물에서 헤엄을 잘 친답니다. 크고 튼튼한 뒷다리를 노처럼 휘저어 쑥쑥 헤엄치지요. 좁쌀메뚜기는 물가에 있다가 위험을 느끼면, 물속에 퐁당 뛰어들어 잠수했다가 다시 나오기도 해요.
논에 사는 벼메뚜기 애벌레도 물에 빠지면 헤엄쳐서 곧잘 빠져나와요.

같은 종족까지 잡아먹다니 너무하죠?

자라면서 식성이 변하는 여치

메뚜기는 정해진 식물을 먹는 종류가 대부분이지만, 여치는 자라면서 식성이 초식성에서 잡식성으로, 혹은 다른 곤충을 잡아먹는 육식성으로 바뀌어요.
갓 태어난 어린 여치는 연한 풀잎이나 꽃잎, 꽃가루와 풀씨 등을 먹고 살아요. 하지만 어른벌레가 되면 육식성으로 바뀌어 나비나 어린 사마귀를 잡아먹어요. 심지어 같은 종족인 여치도 잡아먹는 답니다. 먹이를 잡을 때는 가시가 많은 앞다리와 날카로운 큰턱을 이용해요.

울음소리에 비밀이 숨어 있어요

여치는 앞날개를 마주 비비며 '찌르르찌르르' 울어요. 이 울음소리로 다른 여치들과 의사소통을 하지요. 여치는 수컷만 울음소리를 내요. 여치 수컷은 이 소리를 통해 다른 수컷에게 자신의 영역을 알려 지키고, 암컷을 유혹하기도 해요.
귀뚜라미 수컷도 울음소리를 내는데, 날씨가 더울수록 빠르게 울어요. 온도가 10도일 때는 1분에 40번쯤 소리를 내고, 온도가 높아질 때마다 4번 정도 더 많이 소리를 낸답니다.

여기는 내 영역이야. 썩 사라져!

헉헉, 더 이상은 빨리 소리를 못 낸다고!

메뚜기 탐구 퀴즈를 풀어요

메뚜기에 대해 얼마나 알게 되었나요?
다음 퀴즈를 풀면서 메뚜기를 더 탐구해 보세요.

1. 메뚜기 무리가 아닌 것은 다음 중 무엇일까요?
   ① 여치 ② 메뚜기
   ③ 거미 ④ 귀뚜라미

2. 메뚜기는 수컷이 암컷보다 커요.
   이 설명이 맞으면 ○, 틀리면 X를 표시하세요.

이 책에 나온 메뚜기에 관한 퀴즈예요. 정답을 모르겠거든 다시 앞으로 가서 읽어 보세요.

3. 몸 색깔이 모래와 비슷해 모래밭 위에 있으면 보호색으로 눈에 잘 띄지 않는 곤충은 무엇일까요?

5. 우리나라 고유종인 메뚜기는 다음 중 무엇일까요?
   ① 삽사리   ② 한라애메뚜기
   ③ 극동애메뚜기   ④ 콩중이

4. 머리 모양이 방아깨비와 닮은 메뚜기는 무엇일까요?

6. 짝짓기를 할 때는 메뚜기 수컷이 암컷의 등에 올라타요.
   이 설명이 맞으면 ○, 틀리면 X를 표시하세요.

7. "벼메뚜기의 몸 색깔은 (   )엔 초록색, (   )엔 갈색으로 변해요."에서 괄호에 들어갈 말은 각각 무엇일까요?

8. 앞다리가 삽처럼 생겨서 땅을 잘 파는 곤충의 이름은 무엇일까요?

9. 두꺼비메뚜기의 보호색은 무엇을 닮았을까요?

10. 메뚜기는 갖춘탈바꿈을 해요.
이 설명이 맞으면 ○, 틀리면 X를 표시하세요.

11. 대규모로 떼 지어 나타나 농작물에 피해를 주는 곤충은 다음 중 무엇일까요?
① 모기　② 메뚜기
③ 하늘소　④ 장수풍뎅이

12. 메뚜기의 천적이 아닌 것은 다음 중 무엇일까요?
① 개구리　② 사마귀
③ 들새　④ 무당벌레

13. 애완동물의 먹이로 쓰이며, 외래 곤충으로 수입되어 국내에서 대량으로 사육되는 귀뚜라미는 무엇일까요?

알쏭달쏭 헷갈리네.

14. 귀뚜라미는 날개 두 장을 서로 비벼서 소리를 내요.
이 설명이 맞으면 ○, 틀리면 X를 표시하세요.

정답은 뒷장에 있어요!

정답

70~71쪽

1. ③ (11쪽)
2. X (26쪽)
3. 모래방울벌레 (56쪽)
4. 섬서구메뚜기 (16, 45쪽)
5. ② (49쪽)
6. ○ (26쪽)
7. 여름, 가을 (33쪽)
8. 땅강아지 (55쪽)
9. 마른 흙 (33쪽)
10. X (30쪽)
11. ② (60쪽)
12. ④ (32쪽)
13. 쌍별귀뚜라미 (57쪽)
14. ○ (21쪽)

각시메뚜기	긴날개밑들이메뚜기	대륙메뚜기	뚱보주름메뚜기 멸종위기 야생생물 II급

방아깨비	팥중이	곰귀뚜라미	긴날개중베짱이

땅강아지	우리여치 우리나라 고유종	장수꼽등이	풀종다리

뚱보주름메뚜기

몸길이 28~50mm **활동 시기** 5~9월

사막처럼 메마른 환경에서 살아요. 주변 환경에 따라 몸 색깔이 다른데 회갈색 또는 짙은 갈색이에요. 앞가슴등판에 주름이 져 있고 가슴이 두꺼워요. 날개는 매우 짧아요. 몸이 크고 뚱뚱해서 빨리 뛰지 못해요. 땅 위나 낙엽층에 보호색으로 위장하여 숨어 살아 발견하기 어려워요.

대륙메뚜기

몸길이 11~20mm **활동 시기** 8~11월

높은 산지의 풀밭에서 볼 수 있고 개체 수가 많지 않아요. 몸의 등 쪽은 흑색이나 회갈색이고 배쪽은 황갈색이에요. 가슴에는 x자 무늬가 있어요. 수컷의 배 끝 부분이 붉은색을 띠어서 '붉은배풀메뚜기'라고도 해요. 암컷의 배 끝부분은 회갈색이거나 적갈색이지요.

긴날개밑들이메뚜기

몸길이 24~40mm **활동 시기** 6~11월

산지의 낮은 나무 위나 물가의 덤불 위에서 주로 볼 수 있어요. 밑들이메뚜기 무리 중에서 날개가 가장 길어요. 몸은 녹색이고 앞날개는 적갈색이에요. 겹눈 뒤에서 앞가슴등판 양쪽으로 검은 줄무늬가 이어지고, 뒷다리 무릎이 검은색이에요. 애벌레 때 무리를 짓는 습성이 있어요.

각시메뚜기

몸길이 34~60mm **활동 시기** 1~12월

각시처럼 예쁘게 생겨서 이런 이름이 붙었어요. 햇볕이 잘 드는 산지, 밭, 풀밭 등에서 살고, 주로 벼과 식물이나 칡잎을 갉아 먹어요. 몸 색깔은 밝은 갈색이고 몸 가운데에 황색 선이 있어요. 눈 아래쪽과 앞가슴등판 옆에는 짙은 줄무늬가 있답니다. 몸 아랫면에는 흰 솜털이 많이 나 있어요. 특이하게 어른벌레로 겨울을 나요.

긴날개중베짱이

몸길이 28~34mm **활동 시기** 7~10월

날개가 유난히 길어 이런 이름이 붙었어요. 몸 전체가 선명한 녹색으로 몸집이 크고 날씬해요. 다리에 가시가 잘 발달해 있어요. 어른벌레는 육식성이 강하며, 손으로 잘못 잡으면 심하게 깨물 수도 있으니 조심해야 해요.

곰귀뚜라미

몸길이 10~12mm **활동 시기** 8~10월

사람이 사는 집 주변이나 공원의 풀밭에서 드물게 볼 수 있어요. 몸 색깔은 어두운 흑갈색이고 다리는 밝은 황갈색이에요. 수컷의 앞날개는 배를 절반 이상 덮으나 배 끝을 넘지 않아요. 암컷의 앞날개는 배를 절반 정도 덮어요. 수컷은 밤중에 '릭- 릭- 릭-' 하며 짧고 높은 소리로 우는데, 다른 귀뚜라미에 비하면 울음소리가 약해서 눈에 잘 띄지 않아요.

팥중이

몸길이 32~45mm **활동 시기** 7~10월

산기슭이나 물가의 풀밭, 자갈밭에서 흔히 볼 수 있어요. 주로 콩과 식물을 먹어요. 몸은 황갈색 또는 회갈색 바탕에 어두운 갈색 얼룩무늬가 있어요. 짙은 팥가루를 뿌려 놓은 것 같은 몸 색깔 때문에 흙이나 자갈밭에 앉아 있으면 찾기 힘들어요. 위에서 보면 앞가슴등판에 X자 모양의 황갈색 무늬가 있어요.

방아깨비

몸길이 42~86mm **활동 시기** 7~10월

산과 들의 풀밭이나 벼과 식물이 자라는 밭에서 흔히 볼 수 있어요. 벼과 식물을 갉아 먹지요. 메뚜기 중에서도 몸집이 매우 큰 편이고, 암컷이 수컷보다 훨씬 더 커요. 암컷은 우리나라 메뚜기 중에서 몸길이가 가장 길답니다. 머리 앞부분이 뾰족하고 더듬이는 짧고 납작해요. 몸 색깔은 녹색에서 갈색까지 변화가 심해요. 손으로 뒷다리를 잡으면 방아를 찧듯 위아래로 움직여 이런 이름이 붙었어요.

풀종다리

몸길이 6~7mm **활동 시기** 7~11월

전국의 야산에서 흔하게 볼 수 있어요. 크기도 작고 잘 도망다녀서 보거나 잡기가 쉽지 않아요. 암컷과 수컷 모두 뒷다리의 넓적다리마디에 어두운 세로줄 무늬가 두 줄 나 있어요. 수컷의 앞날개는 투명하고 반점이 있어요. 암컷의 산란관은 위로 구부러진 바늘 모양이지요. 수컷은 밤낮으로 활발하게 울어요.

장수꼽등이

몸길이 22~24mm **활동 시기** 6~10월

밤에 산지에서 숲 바닥이나 낙엽층 위를 주로 돌아다녀요. 낮에는 돌 밑이나 어두운 절벽 틈, 썩은 나무속, 동굴 입구 등에 들어가 쉬지요. 썩은 나무나 수액이 흐르는 나무 주변에서도 볼 수 있어요. 몸 색깔은 흑갈색이고 광택이 나요. 특히 앞가슴등판이 진한 흑색을 띠고 나머지 몸 부분은 그보다는 연한 색이에요. 뒷다리의 넓적다리마디가 매우 굵어요.

우리여치

몸길이 24~30mm **활동 시기** 7~10월

산지에서 드물게 볼 수 있어요. 몸집이 큰 편이고 녹색과 갈색이 섞여 있지요. 갈색여치와 비슷하게 생겼어요. 앞날개는 갈색이고 다리는 녹색인데 검은 반점이 흩어져 있어요. 수컷은 밤중에 뚜렷한 울음소리를 내요. 우리나라 고유종이라서 이런 이름이 붙었어요.

땅강아지

몸길이 30~35mm **활동 시기** 5~10월

어른벌레로 땅속에서 겨울을 나요. 몸 색깔은 어두운 갈색이고 몸 전체가 부드러운 털로 덮여 있어요. 앞다리는 삽처럼 넓적해 땅을 파기에 알맞아요. 뒷날개가 발달하여 잘 날아다녀요. 어른벌레는 여름밤 불빛에 날아들기도 해요. 축축한 곳에 땅굴 입구를 만들고 그 안에서 울다가, 무언가 다가오면 땅굴로 재빨리 몸을 숨겨요.